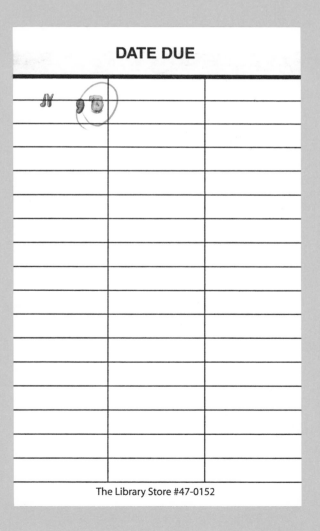

DATE DUE

LAS ROCAS

ROCAS ÍGNEAS

CHRIS OXLADE

Chicago, Illinois

H www.heinemannraintree.com
Visit our website to find out more information about Heinemann-Raintree books.

To order:
☎ Phone 888-454-2279
▭ Visit www.heinemannraintree.com to browse our catalog and order online.

Edited by Louise Galpine and Diyan Leake
Designed by Victoria Allen
Illustrated by KJA artists
Picture research by Hannah Taylor
Originated by Capstone Global Library Ltd
Printed and bound in China by CTPS
Translation into Spanish by DoubleOPublishing Services

15 14 13 12 11
10 9 8 7 6 5 4 3 2 1

Library of Congress Cataloging-in-Publication Data
Oxlade, Chris.
  [Igneous rocks. Spanish]
  Rocas ígneas / Chris Oxlade.
      p. cm. -- (Las rocas)
  Includes bibliographical references and index.
  ISBN 978-1-4329-5651-6 (hardcover) -- ISBN 978-1-4329-5659-2 (pbk.)
  1. Igneous rocks--Juvenile literature. 2. Petrology--Juvenile literature. I. Title.
  QE461.09518 2011
  552'.1--dc22
                              2011009781

Acknowledgments
The author and publisher are grateful to the following for permission to reproduce copyright material: Alamy Images p. 5 (© Phil Degginger/Jack Clark Collection); © Capstone Publishers p. 29 (Karon Dubke); Corbis pp. 11 (Martin Rietze), 15 (Reuters/Ho), 26 (Alberto Garcia); istockphoto p. 10 (© Diego Barucco); Photolibrary pp. 4 (Andoni Canela), 13 (Peter Arnold Images/Robert Mackinlay), 16 (The Travel Library/Adam Burton), 18 (imagebroker.net/Egmont Strigl), 19 (imagebroker.net/Christian Handl), 20 (Superstock/Hidekazu Nishibata), 21 (Francesco Tomasinelli), 23 (Susanne Palmer); Science Photo Library pp. 12 (Tony Camacho), 14 (Oar/National Undersea Research Program); shutterstock p. 17 (© Josemaria Toscano).

Cover photograph of the Giant's Causeway, Northern Ireland, reproduced with permission of Photolibrary (Superstock/Richard Cummins).

We would like to thank Dr. Stuart Robinson for his invaluable help in the preparation of this book.

Every effort has been made to contact copyright holders of any material reproduced in this book. Any omissions will be rectified in subsequent printings if notice is given to the publisher.

Disclaimer
All the Internet addresses (URLs) given in this book were valid at the time of going to press. However, due to the dynamic nature of the Internet, some addresses may have changed, or sites may have changed or ceased to exist since publication. While the author and publisher regret any inconvenience this may cause readers, no responsibility for any such changes can be accepted by either the author or the publisher.

CONTENIDO

Las profesiones y las rocas

Averigua sobre el trabajo vinculado con el estudio de las rocas.

Consejo de ciencias

Fíjate en nuestros interesantes consejos para saber más sobre las rocas.

¡Cálculos rocosos!

Descubre los números asombrosos del mundo de las rocas.

Biografía

Lee sobre la vida de las personas que han realizado descubrimientos importantes en el estudio de las rocas.

Algunas palabras aparecen en negrita, **como éstas**.
Puedes averiguar sus significados en el glosario de la página 30.

¿QUÉ SON LAS ROCAS ÍGNEAS?

El cráter de un **volcán** expulsa **lava** roja y ardiente. La lava fluye como un río brillante por las laderas del volcán. Con el tiempo, la lava se enfría, detiene su flujo y se solidifica: así se forma roca nueva. La roca que se forma al enfriarse la roca **fundida** se denomina roca ígnea. La roca ígnea es una de las tres clases de rocas que conforman la Tierra. Las otras dos clases son la **roca sedimentaria** y la **roca metamórfica**.

EL INTERIOR DE LAS ROCAS

Todas las rocas, no solo la roca ígnea, están formadas por materiales llamados **minerales**. Las rocas ígneas están compuestas por una mezcla de diferentes minerales, pero existen otras rocas compuestas por un único mineral.

Este es el volcán Kilauea, en Hawái.

Los minerales están compuestos por **átomos**. En todos los minerales, los átomos están perfectamente ordenados en hileras y columnas. Los materiales cuyos átomos están ordenados así se denominan **cristales**, y son fácilmente visibles en las rocas ígneas.

La roca ígnea está siempre en formación. También se destruye constantemente. Esto es parte de un proceso llamado el **ciclo de la roca**. En este libro seguimos el recorrido de la roca ígnea a través del ciclo de la roca.

Consejo de ciencias

Hay una gran cantidad de minerales y cristales que puedes observar en tu propia casa. Mira la sal de mesa con una lupa. La sal es en realidad un mineral llamado cloruro de calcio, que forma cristales en forma de cubos. Fíjate también en algunas joyas. Las piedras preciosas a menudo son cristales, como los **diamantes**, los rubíes y los ópalos.

Este material es una variedad de feldespato, la microlina, que se encuentra comúnmente en una roca ígnea llamada **granito**. También se la conoce como amazonita.

¿QUÉ HAY DENTRO DE LA TIERRA?

Hay rocas por todos lados, en todo momento. Están principalmente debajo de nosotros, pues la Tierra es una bola enorme de roca. Si cavas en cualquier lugar, hasta una cierta profundidad, en algún momento te encontrarás con roca sólida. Esta capa sólida es parte de una piel rocosa, llamada **corteza**, que recubre la Tierra.

DEBAJO DE LA CORTEZA TERRESTRE

La corteza se asienta sobre la roca muy caliente de abajo. Esta roca ardiente forma una capa de miles de millas de profundidad, denominada **manto**. Cuando la roca asciende desde el manto, se funde. Este es el origen de la roca **fundida** que forma las rocas ígneas.

Este corte esquemático muestra las capas principales del interior de la Tierra.

manto

núcleo externo

núcleo interno

corteza

EL CICLO DE LA ROCA

Las rocas de la corteza terrestre cambian constantemente. Durante el **ciclo de la roca**, se forman rocas ígneas y otros tipos de rocas, tanto en las profundidades subterráneas como en la superficie de la Tierra. Algunas rocas (que pueden ser ígneas, **sedimentarias** o **metamórficas**) se destruyen cuando caen dentro del manto. Otras se desgastan en la superficie.

El ciclo de la roca es un proceso lento. Se pueden formar rocas ígneas en unas pocas horas, cuando se enfría la **lava** que arroja un **volcán**, pero las rocas pueden tardar millones de años en hacer su recorrido por el ciclo de la roca, hasta que finalmente se destruyen.

La corteza terrestre es sumamente fina comparada con las otras capas de la Tierra. Es más fina debajo de los océanos que debajo de los continentes.

Capa	Espesor
corteza debajo de los continentes	25 a 90 kilómetros (15 a 56 millas)
corteza debajo de los océanos	6 a 11 kilómetros (4 a 7 millas)
manto	2,900 kilómetros (1,800 millas)
núcleo externo	2,300 kilómetros (1,430 millas)
núcleo interno	1,200 kilómetros (745 millas)

LA CORTEZA FRAGMENTADA

La corteza de la Tierra está fragmentada, o dividida, en muchos pedazos enormes llamados **placas tectónicas**. Los límites de las placas, donde las placas se juntan, se denominan **bordes de las placas**. La mayoría de las rocas ígneas comienza su recorrido en estos bordes.

¿QUÉ OCURRE EN LOS BORDES DE LAS PLACAS?

En algunos bordes, las dos placas se separan lentamente. En otros, las dos placas se aproximan lentamente. Cuando dos placas se separan, la roca caliente del manto que está debajo se funde y asciende para llenar la brecha que se ha producido en la corteza. Cuando dos placas se aproximan, una placa suele quedar debajo de la otra y entrar en el manto. Con el paso del tiempo, las rocas que se encuentran en el interior del manto se calientan lo suficiente como para fundirse y formar nueva roca fundida que asciende hacia la corteza de arriba.

Aquí, dos placas tectónicas se separan debajo del océano. La elevación creada por la roca nueva se llama dorsal oceánica.

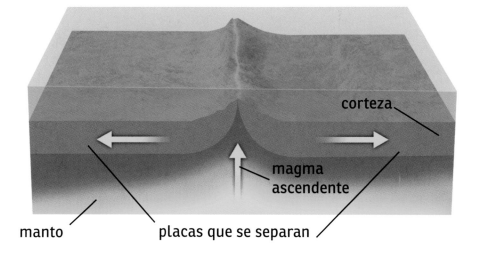

corteza

magma ascendente

manto

placas que se separan

En ambos tipos de bordes, la roca fundida que asciende a la corteza forma rocas ígneas nuevas. La roca fundida también asciende a la corteza en lugares denominados **puntos calientes**. Los puntos calientes son zonas de temperaturas muy altas que se hallan debajo de las placas.

Biografía

Alfred Wegener (1880–1930) fue un científico alemán. En 1911, el científico descubrió que los fósiles incrustados en rocas que estaban a miles de millas de distancia, en lados opuestos del océano, parecían encajar entre sí. Esto le demostró a Wegener que los continentes que conocemos actualmente estuvieron unidos en el pasado, pero luego se desplazaron hasta separarse. En la actualidad, sabemos que esto ocurre porque la corteza terrestre está fragmentada en placas tectónicas que están en constante movimiento.

Aquí se ven dos placas tectónicas acercándose. La placa que se hunde se funde y crea roca fundida que sube a la superficie y forma volcanes.

volcán

corteza

manto

magma que se produce a medida que se funde la placa

¿CÓMO SE FORMAN LAS ROCAS ÍGNEAS?

La roca **fundida** que asciende a la **corteza** terrestre en los bordes de algunas **placas tectónicas** y en los **puntos calientes** de las placas se denomina **magma**.

El recorrido de una roca ígnea comienza cuando el magma se enfría y se solidifica. A medida que se enfría, adentro se forman **cristales** de **minerales.** Esto ocurre en la superficie de la Tierra, debajo del océano y también en las profundidades subterráneas de la corteza.

Las profesiones y las rocas

Un **geólogo** es un científico que estudia cómo se forman las rocas, cómo se modifican y cómo conforman la Tierra. Los geólogos realizan muchas tareas diferentes, algunas de las cuales involucran a las rocas ígneas. Por ejemplo, algunos científicos estudian geología marina, que incluye las placas tectónicas, y otros estudian los volcanes (ver la página 15).

Las rocas ígneas del monte Etna, en Italia, se formaron cuando se enfrió el magma.

Una fuente de lava surge del Stromboli, un volcán de Italia. El cono rocoso se formó al enfriarse la lava.

LAS ROCAS ÍGNEAS DE LA SUPERFICIE TERRESTRE

En ocasiones, el magma ascendente llega a la superficie, donde forma **volcanes**. Apenas el magma surge de un volcán, se llama **lava**. En algunos volcanes la lava es líquida. Fluye alejándose del volcán y se va enfriando gradualmente. Al solidificarse, deja de fluir y forma roca ígnea nueva. En otros volcanes, la lava es densa. Cuando el volcán hace erupción, expulsa la lava en pedazos diminutos, que al enfriarse se convierten en cenizas. Algunos volcanes expulsan tanto lava fluida como cenizas. Toda roca ígnea que se forme en la superficie de los volcanes se llama **roca extrusiva**.

ROCAS VOLADORAS

La lava que fluye por el suelo construye capas de roca ígnea nueva. Sin embargo, algunos pedacitos de lava que se expulsaron al aire suelen solidificarse antes de aterrizar y forman fragmentos de roca ígnea nueva. Los fragmentos grandes de lava que se solidifican en el aire se denominan **bombas volcánicas**. A veces, cuando caen a la tierra, las bombas grandes se fracturan y al abrirse arrojan lava que aún está líquida. La **escoria volcánica** consiste en pequeños trozos de roca (aproximadamente del tamaño de una uva) que se solidifican en el aire. Presentan una gran cantidad de agujeros formados por burbujas de gas.

ROCAS DE LAS CENIZAS

La ceniza **volcánica** se forma cuando el magma explota a consecuencia de los gases. Está compuesta por pedazos diminutos que parecen vidrios rotos. Al asentarse sobre el suelo, la ceniza forma capas. Las capas más profundas de ceniza lentamente se van convirtiendo en roca.

Los arqueólogos realizan excavaciones en la antigua ciudad de Pompeya, que quedó sepultada bajo las cenizas del cercano volcán Vesubio.

Medio Domo, en el Parque Nacional Yosemite de California, se formó al enfriarse el magma debajo de la superficie.

ROCAS ÍGNEAS SUBTERRÁNEAS

Algunas rocas ígneas comienzan su recorrido por el **ciclo de la roca** bajo la superficie del suelo. Se forman cuando el magma asciende a la corteza, pero no logra llegar a la superficie. El magma se enfría lentamente bajo la tierra y forma roca ígnea nueva. Las rocas ígneas que se forman de este modo bajo la superficie se llaman **rocas intrusivas**.

LOS MAYORES RÍOS DE LAVA

Estas son algunas de las mayores erupciones de lava que se conocen. Las erupciones duraron cientos de miles de años.

Área	Fecha (millones de años atrás)	Cantidad de lava (millones de km³ *)
Etiopía	31	como 1
Decán, India	66	más de 2
Antártida	176	0.5
Karoo, Sudáfrica	183	más de 2
Siberia, Rusia	249	más de 2

* Un km³ (kilómetro cúbico) es una cantidad de 1 km (0.6 millas) de ancho, 1 km (0.6 millas) de alto y 1 km (0.6 millas) de profundidad.

¿HAY VOLCANES EN EL FONDO DEL MAR?

Muchos volcanes hacen erupción bajo el mar. De hecho, existen más volcanes en el fondo del mar que en la tierra y la mayor parte de la roca ígnea se forma bajo el mar. Generalmente, los bordes donde las placas tectónicas se separan están ubicados en el fondo oceánico. Cuando el magma asciende desde el **manto**, se forman volcanes a lo largo de estos bordes. La roca se enfría rápidamente en el agua y forma rocas ígneas nuevas. La corteza de la Tierra, que está debajo de todos los océanos del mundo, está compuesta principalmente por rocas ígneas formadas debajo del mar.

Estos bultos son de lava almohadillada, que se forma cuando la lava proveniente del fondo oceánico se enfría rápidamente en el agua del mar.

ISLAS DE ROCA ÍGNEA

Los volcanes a veces emergen del fondo oceánico. Estos volcanes submarinos se llaman montañas marinas. En ocasiones, alcanzan una altura tal que emergen de la superficie y forman islas nuevas, como Surtsey, cerca de Islandia. Esto puede ocurrir sobre los **bordes de las placas** o sobre los **puntos calientes**. Las islas hawaianas son las cimas de volcanes gigantes.

Las profesiones y las rocas

Un vulcanólogo es un científico que estudia los volcanes. Los vulcanólogos buscan comprender por qué los volcanes hacen erupción. Los científicos registran las erupciones, estudian las rocas ígneas que se forman durante las erupciones e intentan predecir cuándo es probable que ocurra una nueva erupción. ¡Es una de las profesiones más peligrosas, pues los vulcanólogos suelen visitar volcanes en erupción!

La ceniza vuela por el aire al hacer erupción un volcán justo debajo de la superficie del mar, cerca de la isla de Tonga, en 2009.

¿QUÉ TIPOS DE ROCAS ÍGNEAS HAY?

Las rocas ígneas se dividen en dos grupos: **rocas intrusivas** y **rocas extrusivas**. A continuación conocerás algunas de las rocas ígneas extrusivas e intrusivas más comunes.

El **granito** es una roca ígnea sumamente común. Es una roca intrusiva. Existen varios tipos diferentes de granito, que presentan distintos colores, como blanco, rosado y gris. Los colores se deben a los diferentes **minerales** que contiene el granito, que son en su mayoría cuarzo, feldespato y mica.

Otras rocas intrusivas comunes son el gabro (generalmente de un color muy oscuro), el pórfido y la pegmatita, que contienen algunos **cristales** grandes de minerales, y la dolerita, que tiene un color oscuro y **grano** de tamaño mediano.

Este afloramiento de granito, ubicado en Inglaterra, se conoce como Saddle Tor. La roca ha quedado expuesta al desgastarse las rocas más blandas que la rodeaban.

El basalto es una roca ígnea extrusiva muy común. Es una roca de color oscuro que se forma de la **lava** solidificada. Algunos tipos de basalto contienen agujeros llenos de gas. Otras rocas extrusivas comunes incluyen la riolita, que es de color claro y se forma a partir de una lava densa y pegajosa, y la andesita, que contiene cristales pequeños.

La famosa Calzada de los Gigantes, en Irlanda del Norte, está hecha de basalto, que se fracturó en forma de columnas a medida que se enfriaba.

Identificar las rocas ígneas

Muchas rocas ígneas tienen cristales de diferentes minerales que se pueden ver. Los cristales encajan unos con otros, lo cual significa que están unidos en forma compacta. Las rocas ígneas normalmente son duras y nunca contienen **fósiles**. Usa la tabla a la derecha para ayudarte a identificar las rocas ígneas.

Roca	Tamaño del grano	Color
granito	grueso	claro
gabro	grueso	oscuro
pegmatita	muy grueso	claro y oscuro
basalto	fino	oscuro
riolita	fino	claro
andesita	fino	mediano

LOS CRISTALES DE LAS ROCAS ÍGNEAS

En las rocas intrusivas, como el granito, los cristales de minerales suelen ser lo suficientemente grandes como para poder verlos. Esto se debe a que el **magma** se enfría lentamente, lo que da el tiempo necesario para que se formen los cristales. Decimos que estas rocas son de grano grueso. En las rocas extrusivas, como el basalto, los granos suelen ser demasiado pequeños para poder observarlos a simple vista. Esto ocurre porque el magma se enfría demasiado rápido en la superficie terrestre y no hay tiempo suficiente para que los cristales se desarrollen. Decimos que estas son rocas de grano fino.

A veces, la lava se enfría tan rápidamente que no se forman cristales. En su lugar, la lava se convierte en una roca parecida al vidrio llamada obsidiana, o vidrio volcánico.

ROCAS DE LAVA VOLADORA

Las **bombas volcánicas** están compuestas por rocas comunes, como el basalto y la andesita. Los pedazos de lava expulsados al aire a gran velocidad se enfrían muy rápido. La mayor parte se convierte en ceniza **volcánica**. Algunas forman piedra pómez, una roca llena de burbujas de aire, como un panal, que es tan liviana que flota en el agua. La toba volcánica es una roca de color claro formada por capas de cenizas. Algunas tobas contienen trozos de piedra pómez.

Consejo de ciencias

Todos los planetas rocosos y las lunas del sistema solar poseen **cortezas** formadas principalmente por rocas ígneas. Estas rocas ígneas son difíciles de hallar si no vives en una zona volcánica de la Tierra. Sin embargo, puedes mirar la Luna (con binoculares es mejor). Las zonas oscuras de la superficie lunar son inmensos cráteres repletos de roca ígnea.

Los meteoritos son trozos de roca ígnea del espacio que cayeron a la Tierra. Este meteorito fue hallado en Namibia, África.

¿PARA QUÉ SE USAN LAS ROCAS ÍGNEAS?

En los lugares donde las rocas ígneas son parte del paisaje, como en los alrededores de los **volcanes** y en las islas **volcánicas**, se emplean para construir las paredes de las casas y los muros que rodean los campos. La **escoria volcánica** es común en las áreas volcánicas y se usa para cubrir las superficies de caminos y senderos.

Los coloridos **cristales** del **granito** lo convierten en un material duro pero hermosamente decorativo. El granito se suele cortar y luego pulir para hacer que los cristales brillen. El granito se usa como revestimiento (cubierta) en los edificios y para fabricar esculturas, encimeras de cocinas y baños, azulejos decorativos y adornos.

La piedra pómez se emplea para fabricar muchas cosas, desde ladrillos y concreto hasta pasta dentífrica y cosméticos. Algunas rocas ígneas son fuentes de **minerales**, gemas y metales. Por ejemplo, algunas pegmatitas también contienen cristales de berilo y granate.

En Roma, hace unos 2,000 años, los ingenieros romanos construyeron la cúpula del Panteón con concreto liviano, hecho de piedra pómez.

LAS ROCAS ÍGNEAS DEL PASADO

Las personas han hecho uso de rocas ígneas locales, como el basalto y la escoria volcánica, durante miles de años. Algunas de las piedras gigantescas de Stonehenge, una antigua ciudad de Inglaterra, son doleritas, una roca ígnea. En el antiguo México, los aztecas usaron obsidiana, que se fragmenta en pedazos afilados, para fabricar herramientas cortantes.

Consejo de ciencias

Quizá vivas en un área volcánica del mundo donde las rocas ígneas son comunes. Si no es así, busca rocas ígneas en tu casa, en el patio trasero y en tu vecindario. Las encimeras suelen estar hechas de granito y gabro. Podrías hallar piedra pómez en el baño, obsidiana en los adornos, basalto en las baldosas y adoquines.

Las casas construidas con trozos de roca ígnea negra constituyen un paisaje usual en las Azores, un grupo de islas volcánicas ubicadas en el océano Atlántico.

¿DURAN PARA SIEMPRE LAS ROCAS ÍGNEA

Ahora hemos llegado a la etapa final del recorrido de las rocas ígneas. ¿Cuánto tiempo duran las rocas ígneas? El basalto formado donde las **placas tectónicas** se separan en el fondo oceánico puede durar casi 200 millones de años, pero el basalto formado por los ríos de **lava** puede **erosionarse** bastante rápido. Pero sin importar qué les suceda, las rocas ígneas no duran eternamente. Con el tiempo, se destruyen o se transforman en otras rocas.

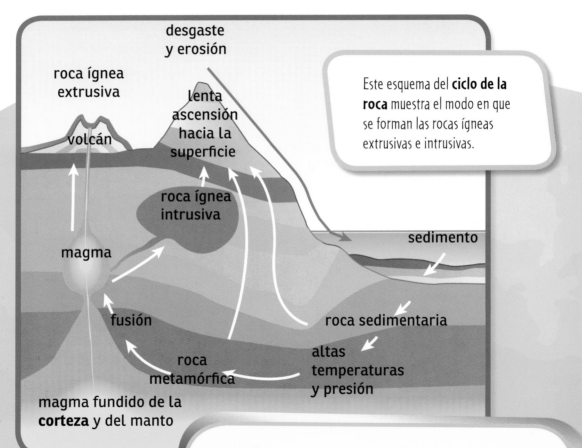

desgaste y erosión

roca ígnea extrusiva

lenta ascensión hacia la superficie

volcán

Este esquema del **ciclo de la roca** muestra el modo en que se forman las rocas ígneas extrusivas e intrusivas.

roca ígnea intrusiva

sedimento

magma

fusión

roca sedimentaria

roca metamórfica

altas temperaturas y presión

magma fundido de la **corteza** y del manto

Biografía

James Hutton (1726–1797) fue un geólogo escocés. Después de trabajar como químico y agricultor, Hutton comenzó a estudiar las rocas. El científico propuso la teoría de que las rocas se forman y se destruyen constantemente y que esto ha sido un proceso continuo durante millones de años. James Hutton fue uno de los primeros geólogos en darse cuenta de que las rocas nuevas se forman en los volcanes.

LA DESTRUCCIÓN EN LA SUPERFICIE

Algunas rocas ígneas terminan su ciclo en la superficie terrestre. Se rompen debido a los procesos de **desgaste** y **erosión**. El desgaste es el modo en que las rocas se fragmentan por efecto de los factores climáticos. Un ejemplo es el desgaste producido por el hielo, donde el agua cae dentro de las grietas que hay en las rocas. Luego, el agua se congela y se expande, lo cual rompe la roca. La erosión es el modo en que la roca fragmentada por el desgaste es transportada por el agua que fluye, el viento y la gravedad. El agua que fluye y los **glaciares** también destruyen la roca al rasparla y llevarse los fragmentos. De este modo, el desgaste y la erosión fracturan la roca ígnea en pedazos diminutos.

La erosión desgasta estas rocas **volcánicas** en la costa de Islandia. La playa se formó con fragmentos de rocas.

LA DESTRUCCIÓN SUBTERRÁNEA

Algunas rocas ígneas terminan su ciclo debajo de la superficie, en la corteza de la Tierra. En los **bordes de las placas**, donde dos placas se acercan una a la otra, las rocas ígneas que se encuentran bajo el océano descienden hasta el manto, donde se funden. Parte de la roca fundida puede ascender a la superficie nuevamente y formar roca ígnea nueva.

DE ÍGNEA A METAMÓRFICA

A veces, las rocas ígneas se transforman debido al calor extremo y a una **presión** intensa. Se convierten en rocas nuevas llamadas rocas metamórficas. El calor extremo proviene del magma que fluye cerca de las rocas. La presión intensa ocurre donde las rocas se comprimen, generalmente cuando las placas tectónicas normalmente chocan entre sí. Por ejemplo, el **granito** se convierte en gneis cuando se lo somete a una presión enorme.

Aquí, dos placas tectónicas chocan debajo del océano. La roca de las placas se funde a medida que es empujada hacia el interior del manto.

volcanes

corteza

manto

magma producido al fundirse la corteza

CÓMO SABEMOS QUÉ EDAD TIENEN LAS ROCAS?

Para averiguar cuánto tiempo hace que se formaron las muestras de rocas ígneas, los geólogos datan las muestras. El método principal para datar las rocas ígneas se denomina datación radiométrica. Se basa en el hecho de que, con el tiempo, algunos tipos de átomos se convierten en otros tipos de **átomos**. Este proceso se denomina desintegración radiactiva. Para calcular la antigüedad de una muestra, se mide la cantidad de los varios tipos de átomos que contiene.

LÍNEA CRONOLÓGICA GEOLÓGICA

Los geólogos han dividido la historia en diferentes períodos.
Las rocas ígneas a veces se describen según su período de formación.

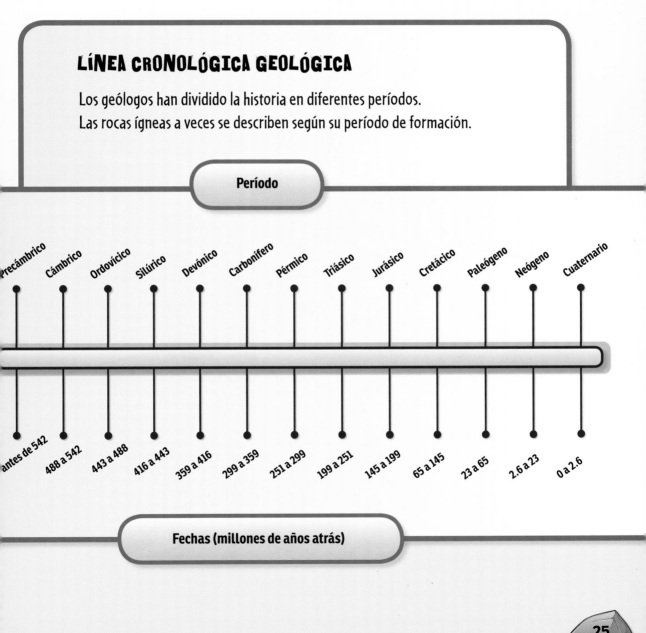

Período

Precámbrico	Cámbrico	Ordovícico	Silúrico	Devónico	Carbonífero	Pérmico	Triásico	Jurásico	Cretácico	Paleógeno	Neógeno	Cuaternario
antes de 542	488 a 542	443 a 488	416 a 443	359 a 416	299 a 359	251 a 299	199 a 251	145 a 199	65 a 145	23 a 65	2.6 a 23	0 a 2.6

Fechas (millones de años atrás)

¿ESTAMOS DAÑANDO LAS ROCAS ÍGNEAS?

Las personas han empleado rocas ígneas durante decenas de miles de años y estas roca son aún hoy un recurso importante para nosotros. Sin embargo, destruimos las rocas al extraerlas de la tierra. Cuando se encuentran cerca de la superficie, las sacamos de las canteras. La apertura de **canteras** en sí misma genera ruido y **contaminación** debido al polvo, la cual puede producir problemas respiratorios a los habitantes de la zona. Abrir canteras también destruye los **hábitats** de plantas y animales.

No importa cuántas canteras se abran, no detendremos el **ciclo de la roca**, pues este ciclo ocurre a escala masiva. Sin embargo, debemos cuidar las rocas de la Tierra tanto como sea posible, pues son parte de nuestro medio ambiente natural.

¡No podemos detener el ciclo de la roca! Su inmenso poder quedó demostrado con la erupción del Luzón, un volcán de las Filipinas, en 1991.

FIN DEL RECORRIDO

Hemos completado nuestro recorrido por la vida de las rocas ígneas. El recorrido comenzó en la roca ardiente del **manto**. La roca se fundió y ascendió hasta la **corteza** terrestre. Si llegó a la superficie, formó un **volcán**, lo que produjo **lava** y cenizas. Si la roca **fundida** no llegó a la superficie, se enfrió lentamente y formó roca ígnea en el interior de la corteza.

Constantemente se forman rocas ígneas nuevas y todo el tiempo se destruyen rocas ígneas antiguas. Estos cambios son parte del ciclo de la roca. El ciclo de la roca ocurre desde que se formó la Tierra, hace 4.5 mil millones de años, y continuará durante los próximos miles de millones de años.

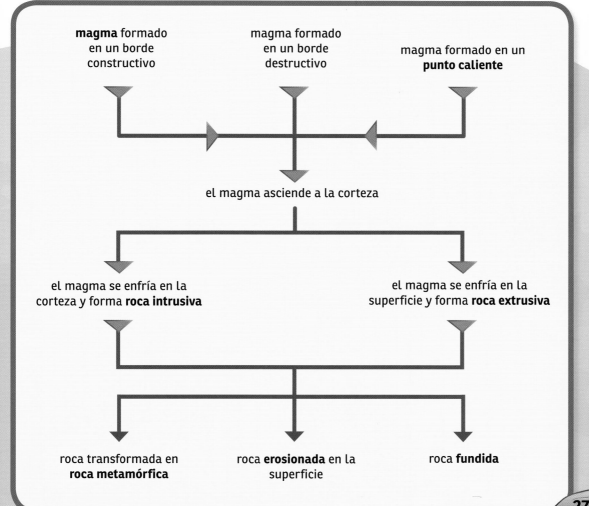

¡HAZ TU PROPIA "LAVA" DE AZÚCAR!

A continuación te proponemos un experimento sencillo que te ayudará a comprender el recorrido de las rocas ígneas que hemos seguido a lo largo de este libro. Antes de intentar llevar a cabo el experimento, lee las instrucciones, prepara los materiales que necesitarás y el área donde trabajarás.

Pide a un adulto que te ayude con este experimento.

MATERIALES:

- azúcar granulada
- una cuchara de madera
- una sartén
- un plato
- una cuchara
- manoplas para horno

PROCEDIMIENTO:

1 Vierte en la sartén dos cucharadas colmadas de azúcar.

2 Calienta suavemente la sartén en la estufa. Revuelve constantemente el azúcar hasta que se funda. (Se pondrá de color marrón cuando esté listo.)

3 Con cuidado, vierte un poco del azúcar **fundido** en un plato frío.

4 Inclina el plato para hacer que el azúcar fluya y observa qué sucede. El azúcar se enfriará y se solidificará bastante rápido.

El azúcar fundido es como la **lava**. (Recuerda que la lava es la roca fundida que sale de un **volcán** a la superficie terrestre). Al igual que la lava, el azúcar fundido fluye muy lentamente, rodando sobre sí mismo, mientras avanza. El "río de lava" de azúcar se va haciendo más lento a medida que se enfría. Se endurece rápidamente, tal como lo hace la lava al convertirse en roca ígnea nueva.

GLOSARIO

átomo la partícula más pequeña de materia química que existe

bomba volcánica enorme fragmento de lava que se solidifica en el aire

borde de la placa lugar donde una placa tectónica se junta con otra placa

cantera sitio de donde se extraen grandes cantidades de roca de la tierra

ciclo de la roca formación, destrucción y reciclaje constantes de las rocas en la corteza terrestre

contaminación sustancias dañinas que se liberan en el aire, el agua o el suelo

corteza capa rocosa de la superficie terrestre

cristal pedazo de material en el que los átomos están organizados en columnas e hileras ordenadas

desgaste fragmentación de las rocas debido a los factores climáticos, como las temperaturas extremas

diamante tipo de mineral valioso que forma los cristales más duros de la Tierra

erosión desgaste de las rocas producido por el agua que fluye, el viento y los glaciares

erosionar desgastar

escoria volcánica pedazo de roca ígnea del tamaño de una uva que se forma cuando la lava explota en el aire al hacer erupción un volcán

fósil restos de una planta o animal antiguos que se hallan en la roca sedimentaria

fundido derretido

geólogo científico que estudia las rocas y el suelo que forman la Tierra

glaciar río de hielo que fluye lentamente cuesta abajo por una cordillera

granito roca ígnea intrusiva común

grano patrón de las partículas de una roca (las partículas pueden ser cristales o pequeños pedazos de roca)

hábitat lugar donde vive una planta o un animal

lava roca fundida que sale de un volcán a la superficie de la Tierra

magma roca fundida debajo de la corteza terrestre

manto capa muy profunda de roca ardiente debajo de la corteza terrestre

mineral sustancia que está presente de forma natural en la Tierra, como el oro y la sal

placa tectónica una de las piezas gigantes en las que está fragmentada la corteza de la Tierra

presión fuerza o peso que aprieta o comprime una cosa

punto caliente zona de altas temperaturas bajo las placas de la Tierra

roca extrusiva roca ígnea que se forma cuando la lava se enfría sobre la superficie terrestre

roca intrusiva roca ígnea que se forma cuando el magma se enfría bajo tierra

roca metamórfica roca que se forma por la acción del calor o de la presión

roca sedimentaria roca que se forma cuando pedazos diminutos de roca o el esqueleto o el caparazón de animales marinos se entierran y se comprimen bajo la tierra

volcán apertura en la superficie terrestre a través de la cual se escapa el magma desde las profundidades

volcánica describe una roca que se formó en un volcán o una zona de erupción volcánica

APRENDE MÁS

LECTURA ADICIONAL

Faulkner, Rebecca. *Igneous Rock* (Geology Rocks!). Chicago: Raintree, 2008.

National Geographic. *Rocas y minerales* (Los exploradores de National Geographic). *Miami*: Santillana USA Publishing Company, 2006.

Pellant, Chris. *Rocas y fósiles.* Madrid: Edelvives, 2006.

SITIOS WEB

Mira animaciones de cómo se forman las rocas en este sitio web del Instituto Franklin: **www.fi.edu/fellows/fellow1/oct98/create**

Halla mucha información sobre las rocas y los minerales, así como enlaces a otros sitios web interesantes, en este sitio: **www.rocksforkids.com**

LUGARES PARA VISITAR

American Museum of Natural History
Central Park West en 79th Street
New York, New York, 10024-5192
Tel: (212) 769-5100
www.amnh.org
Visita una colección grande y fascinante de rocas, minerales, fósiles ¡y dinosaurios!

The Field Museum
1400 S. Lake Shore Drive
Chicago, Illinois 60605-2496
Tel: (312) 922-9410
www.fieldmuseum.org
Mira las exposiciones fascinantes de rocas, minerales y fósiles de todo el mundo.

Yosemite National Park Half Dome, northeastern Mariposa County, California
www.nps.gov/yose/planyourvisit/halfdome.htm
Puedes escalar esta cúpula de granito, que se formó al enfriarse el magma bajo la superficie.

ÍNDICE